바이킹을 탄 햇살

전영란 동시 / 김지원·박예림 그림

도서출판 북매니저 Book Manager

작가의 말

빠르게 오르내리는 바이킹에 3대가 타고 있습니다.
가늠할 수 없는 속도에 가슴 철렁이다가
때론 즐거움에 환호하다가
'할아버지 할머니' '아빠 엄마' '손녀 넷'이
재미있는 이야기를 들려줍니다.
함께 탄 햇살이 함빡 웃으며 응원합니다.

동시를 가져다준 건 손녀들입니다.
딸과 아들이 결혼하여 반짝이는 손녀 넷을 데려왔습니다.
밥상머리에 앉아서
티브이를 보면서
공원을 산책하면서
재잘거리는 이야기를 받아 적었더니
동시집이 세상에 출생 신고합니다.
어느새 초·중·고등학생이 된 손녀들이
어떤 여건에서도 마음 다치지 않고
동시처럼 순수하고 맑게 살아가기를 바랍니다.

달란트를 주신 하나님께 감사합니다.
해설을 써 주신 신현배 선생님께 감사드립니다.
예쁜 책을 만들어 주신 북 매니저 가족께 감사합니다.
세상을 헤쳐 나가는 손녀들과
의지가 되어준 가족들과
예쁜 그림을 그려준 손녀, 지원이와 예림이에게
사랑과 감사를 전합니다.

2025년 4월 안양천 언저리 광명에서
전영란

목 차

| 작가의 말 … 2
| 해설 신현배(동시인) 가족 사랑과 세상을 담아낸 이야기시 … 116

1부 가족 단톡 방

| 만국기 …………………………………… 11
| 우리 집 벽화………………………………… 12
| 가족 단톡방 ………………………………… 15
| 뻥튀기와 민들레 …………………………… 17
| 온유한의원에 가면 ………………………… 19
| 의사 호랑나비 ……………………………… 21
| 어른이 되면 ………………………………… 22
| 생일선물 …………………………………… 24
| 배웅 ………………………………………… 27
| 탁탁, 봄 대청소 …………………………… 29
| 누구일까요? ………………………………… 31
| 태풍아 사라지거라 ………………………… 33
| 할머니 눈사람 ……………………………… 35

 2부 강변의 가족

해바라기 학교	38
새들은 부지런하다	40
강변의 가족	43
고마운 달님	45
바이킹을 탄 햇살	46
양배추 가족사	48
친구 생각	51
말매미의 세레나데	53
개기일식	54
괜찮다 괜찮아	57
매미 소리채집	58
나비걸음	61

목 차

 3부 참으시는 하나님

문단속	65
스카이 댄서	66
매미는 알람시계	69
달팽이장군 나가신다	71
피에로	72
참으시는 하나님	75
일찍 나온 달님	77
비둘기와 변덕쟁이	79
최신형 안테나	81
아랫목	83
빗방울	85
고맙다고 꿈틀꿈틀	86

4부 수박 속, 사람 속

공동문패	90
새 식구	92
모나리자의 미소	95
아나	97
다섯 살 의사 선생님	98
오빠한테 배웠다	101
수박 속, 사람 속	102
늦둥이, 빠른 둥이	105
젓가락이 바빠졌다	107
터줏대감 벌레들	109
진짜 강아지	111
내 동생은 먹보	112
스마트폰 나라	115

바이킹을 탄 햇살

만국기

지구촌 사람들이 한자리에 모인
올림픽 축제
색색의 국기가 응원을 한다

얼음 나라, 사막 나라
캥거루 나라, 코뿔소 나라
흑인 나라, 백인 나라
아무 차별 없이 당당하게
실력을 겨루는 올림픽 경기장
나란히 어깨동무한 국기들

달리다가 쓰러진 친구
어서 일어나라
펄럭펄럭
더 높이
더 빠르게
허공을 흔드는 국기들

국경을 허무는 웃음이
쉴 새 없이 펄럭인다

우리 집 벽화

30년이 넘은 우리 아파트
장마철도 아닌데
벽지가 몽땅 젖었다

12층 보일러 터지고
9층 화장실 터졌는데
물은 8층 우리 집으로 모인다

똑 똑 똑 또로록
어느 길로 오는 걸까

물길 찾는 관리소 아저씨
뚝뚝 떨어지는 땀방울도
우리 집에 고인다

눅눅한 벽을 타고
그림 그리는 곰팡이
냄새까지 묻혀
거실 벽을 알록달록 칠한다

화장실 물
설거지물
수돗물까지 모여
붓질을 해대고 있다

우리 집이
그리도 좋은가 보다.

바이킹을 탄 햇살

가족 단톡방

스마트폰에
날개 없는 새가 날아든다
카톡 카톡 카톡새

전라도에서
서울, 제주도에서

부지런한 할아버지
꼭두새벽 인사 한 말씀
맞장구치는 할머니
하트 이모티콘 뿅뿅

동서남북 흩어져 살아도
우리는 한 가족

가족 단톡방으로
카톡 카톡 카톡새가
정겨운 이야기
물어 나른다

뻥튀기와 민들레

할머니와 함께
뻥튀기 할아버지에게
쌀을 튀기러 갔어요

돌 틈에서 얼굴 내민 민들레
호기심 가득한 눈으로
나를 바라보았어요

사람들 모여 웅성거리고
할아버지 "뻥이요" 소리치는데
가는귀먹은 우리 할머니처럼
방실방실 웃기만 하는 민들레

"뻥이요!"
골목이 진동할 때
할머니는 내 귀 막아주고
나는 민들레 귀 막아주었어요

온유한의원에 가면

우리 동네 온유한의원에 가면
거인의 손을 가진
한의사와 간호사들이 있다

비실비실하던 나무를 일으키고
숲을 다스리던 거인의 손으로

온유한의원에서
할아버지 할머니 아픈 곳에
약침놓고 부항뜨고 추나하면

굽었던 허리가 활짝 펴지고
절룩거리던 다리가 달음박질한다

온유한의원을 사랑하는 어르신들
거인의 손 덕분에
왈츠도 추고
탱고도 춘다

바이킹을 탄 햇살

의사 호랑나비

의사 호랑나비가
들꽃밭으로 왕진을 간다

엉겅퀴꽃 높아진 혈압
바람으로 낮춰주고

아프다고 깨갱깨갱하는 강아지풀
온몸을 부드럽게 마사지해 준다

쑥부쟁이 관절염
가을볕 파스로 찜질해 주고

햇빛에 화상 입은 코스모스
빨리 나으라고 호호
구름 연고 발라주고
풀잎 반창고 붙여준다

어른이 되면

바다 건너 서울에 사는
할아버지 할머니
우리 집에 오랜만에 오셨다

바닷가 식당에서 회 먹고
할아버지 팔 그네 타고
용머리해안 하늘 위를 쑹쑹 날았다

자주 만나지 못해
늘 아쉬운 할아버지 할머니

이담에 어른이 되면
제주 앞바다에 해저터널 만들어
KTX 타고 씽씽 달려
서울 할아버지 할머니 댁에 가야겠다

1부

생일선물

엄마 생일
뭘 선물 할까 궁리하다가
미역국을 끓이기로 했어

생일 전날 밤 살금살금
세탁실 대야에
미역을 담갔다가
새벽에 끓였어

맛을 보니 이상했는데
엄마가 일어날 시간이라
내 방에 가서 자는 척했지
"엄마 생일 축하해요"
냄비 옆에 써 두고

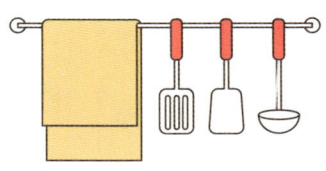

깜짝 놀란 엄마
식구들을 깨우며 호들갑이지 뭐야
"4학년짜리가 맛있는 미역국 끓였네!"

국간장을 넣어야 하는데
양조간장을 넣어서 맛이 이상했다는 것
나중에 아빠가 살짝 얘기해 줘서 알았어

웃을 일이 없다며
흐린 하늘 같았던 엄마 얼굴
미역국으로 활짝 개어서
행복한 날이었어.

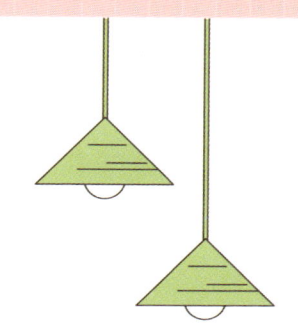

바이킹을 탄 햇살

배웅

연미복 입은 까치 한 마리
김포공항 건물 안을
날아다니고 있다

어쩌다가 이곳으로 들어와
갇힌 몸이 되었을까

잘 다녀오라고
기다리고 있겠다고
긴 줄 어딘가에
배웅할 손님이 있는지

반갑다 손 흔드는
언니 머리 위로 내려오더니
날개를 크게 젓는다

천정을 뚫고
우리 비행기
쫓아올 기세다

탁탁, 봄 대청소

먼지떨이 들이대자
책꽂이에서 잠자던 먼지
붕 떠오르더니
사다리차 타고 내려와
문제집 위에 사뿐히 앉는다

먼지떨이 다시 잽싸게 휘둘렀더니
책상 위에 있던 먼지들까지
단체로 깨어나

겨울잠 자는데
허락도 없이 깨웠다고
난리법석이다

한참을 웅성거리더니
봄바람을 타고
줄행랑친다

바이킹을 탄 햇살

누구일까요?

겨울잠에서 깨어나
냉이랑 쑥이랑 싹 틔우고
매화 개나리 벚나무 가지에
움 달아주네요

가로수 옆 잠들어 있는
민들레 깨우고는
햇살로 씨앗을 튀겨
바람에 날려 보내고

입학하는 내 동생
포근히 안아 토닥여 줘요

겨울에게 받은 바통
여름에게 넘겨주려고
쉴 새 없이
이어달리기 하는 친구는
과연 누구일까요?

바이킹을 탄 햇살

태풍아 사라지거라

해마다 많은 태풍들이
우리 동네를 거쳐 육지로 올라간다

태풍아!
올해는 제주 앞바다에서 사라지거라

가더라도
할아버지 집이 있는 서울은
제발 피해가거라

무섭게 용솟음치는 바다를 보며
나는 하늘을 향하여
두 손 모은다

할머니 눈사람

눈 내리는 날
우리 할머니
동네 산책 나가셨다

미끄러지면 큰일 난다는
할아버지 걱정 뒤로 하고
바람처럼 떠나셨다

동네어귀 지나
은행나무 길 지나
저수지까지
할머니 산책코스

기다려도
오시지 않는 할머니
걱정하고 있는데

한참 만에
허리 굽어진 눈사람이
우리 집으로 들어왔다

"누구세요?"

해바라기 학교

해바라기 아이들이
강변에서 지금 수업 중이다

해바라기 학교에서는
해가 선생님
빛나는 가르침이 쏙쏙 내려온다

키 큰 아이들은
당당하게 선생님을 바라보고 서 있는데
키 작은 아이들은
까치발로 서 있다

예쁜 나비
개미 친구들까지 기웃거리는
수업 시간

벌이 날아와 간질여도
한눈팔지 않고
열심히 공부하는
해바라기 아이들

다음 학기에는
해바라기 키만큼
성적이 쑥쑥 오르겠다

새들은 부지런하다

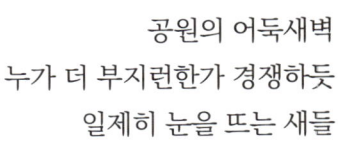

공원의 어둑새벽
누가 더 부지런한가 경쟁하듯
일제히 눈을 뜨는 새들

빨리 일어나 학교 가라
꾸물거리다 지각하겠다
아이들 깨우는지

참새는 **짹짹짹**
까치는 **깍깍깍**
박새는 **삐릭삐릭삐리릭**

아이들 학교 보내고
아침 해 솟아오르면
기분 좋아 웃다가

바이킹을 탄 햇살

굴참나무 책,
자작나무 책,
전나무 책, 빽빽이 꽂혀있는
구름산 숲속
새들 전용 도서관으로 날아간다.

강변의 가족

- 빨리 일어나 학교 가!
- 조금만 더 잘게요
서로서로 소리 지르며
아침부터 실랑이하는 말매미 모녀

- 구구구! 좀 조용히 살자
먹이 찾다 말고
말매미 모녀 쳐다보며 참견하는 비둘기

이슬 먹고 햇볕 쬐며 쑥쑥 자라
날개가 나오면 날아갈 꿈을 꾸는
풀숲의 애벌레들

식구들이 많아 심심 할 새 없다며
할아버지처럼 헛기침하는
등이 굽은 느티나무

날마다 떠들썩한 강변
흥겨운 가족들

바이킹을 탄 햇살

고마운 달님

새벽에 운동 나가다가
아파트 굴뚝에서 치솟는
검은 연기를 보았다

지난 밤 우리에게
따뜻한 잠자리를 제공한 관리소 보일러
굴뚝위에 달님이 그 연기를
고스란히 다 마시고 있었다

마스크도 준비하지 못해
코를 막으며 도망가려 애써 보았지만
제자리를 벗어날 수 없었다고
울먹이는 달님

월급 한 푼 받지 않아도
힘든 기색 전혀 없이 꿋꿋이 버티며
밤마다 지구를
환하게 밝혀준다

바이킹을 탄 햇살

베트남 다낭 놀이공원
뜨거운 햇살 때문인지 한가하다

엄마는 막내 데리고 아기 놀이터로 가고
할머니는 걱정된다며 우리를 따라다닌다

트라켄 토네이도 바이킹 타려는데
안내원 아저씨
할머니 심장! 심장! 외치며
손가락으로 가슴을 가리킨다

괜찮아 괜찮아요
손사래 치는 할머니

공중에서 뱅글뱅글 돌 때
언니와 신나게 비명 지르다가
할머니가 걱정되어 쳐다봤다

바이킹을 함께 탄 햇살이
친절하게도
할머니 눈을 감기고
옆에 앉아 있었다

양배추 가족사

양배추 밭에서
한 방을 쓰는 식구들
깍지 낀 손을 놓지 못해
떨어져서 살아본 적이 없답니다

몸을 포개고 팔다리를 겹쳐
한 뼘씩 만드는 주름은
조상 때부터 물려받은 내력입니다

바이킹을 탄 햇살

푸른 기와 단칸방에 살다가
펑퍼짐한 엉덩이에 살이 오르면
가족들과 헤어져
트럭에 올라 도시로 갑니다

마트로 시장으로
뿔뿔이 흩어졌다가
어느 집 식탁 위에 올라
손수건에 눈물을 적십니다

고향에 두고 온
식구들 생각이 나서.

바이킹을 탄 햇살

친구 생각

상추 모종, 토마토 모종, 고추 모종
씨앗 가게 모판에서 소꿉놀이하며 놀다가
트럭에 실려갔어요

어디로 갔을까
얼마나 자랐을까

씨앗 가게에 남아 있는 채소 모종들은
바람 우체부에게
멀리 출장 가는 기러기에게
소꿉친구들 소식을 물었어요

진초록 물들이고
쭈욱쭉 키 크느라 신바람 났을 테니
걱정하지 말라는데

친구들 얼굴이 떠오를 때마다
함께 소꿉놀이하던 때가 그리워요

바이킹을 탄 햇살

말매미의 세레나데

베란다 창문에 매달려
내게 사랑 고백하는 말매미
"창문을 열어 주오!"

칠년 긴 침묵 끝에 얻어낸
우렁찬 중저음 세레나데

오늘 위해 오래 준비한
사랑 노래 멈추지 않는데

그 마음 묻지도 않고
시끄럽다며
나는 이불만 뒤집어썼다

개기일식

이 동네 저 동네가 시끄럽다
밤낮으로 터지는 사건 사고
걱정 많은
지구 사람들을 위해

하나님은
해와 달과 지구를 직선으로 놓아
시뻘건 불덩이를
겁도 없이 먹어치우는
달을 보여 주신다

해가 중천에 있던 하늘이
큼지막한 숯덩이로 새까맣게 칠한 듯
순식간에 어두워졌다

바이킹을 탄 햇살

해와 달이 만났다가 헤어지는
신비한 우주쇼에
열광하는 사람들
잠시나마 시름을 잊는다

하나님의 생각 속에는
얼마나 많은 이벤트가
준비되어 있을까?

괜찮다 괜찮아

담장 길 따라
꽃이 만발한 외갓집

잡초가 마당을 야금야금 삼키더니
마당 한 켠 꽃밭까지 기웃기웃

오랜만에 고향을 찾은 서울 삼촌
할머니 힘들어하실까 봐
잡초에 제초제 뿌렸다

마당가를 색색으로 물들이던
봉숭아 채송화 맨드라미
시들시들 말라 죽어간다

삼촌이 미안해할까 봐
괜찮다 괜찮다 하시면서

숨을 쉴 때마다
가슴 화끈거린다는 할머니
내 가슴도 쿵쿵 뛴다

매미 소리채집

동생이랑 나랑 잡은
매미 다섯 마리
채집통에 담아 집에 가져왔다

아빠는 거실에 모기장 걸고
매미를 그 안에 넣어 주었다

아무리 기다려도 매미는
노래 부르지도 먹지도 않고
날아다니지도 않는다

매미가 불쌍하다며
있던 곳으로 보내주자는 동생과 함께
공원으로 가서 매미를 날려 보냈다

입 꼭 다물고 있더니
그제야 매미는 노래 부르며 날아간다

"매맴매맴매맴"
채집통에 담기는 매미 소리
매미 대신
매미 소리를 채집했다

바이킹을 탄 햇살

나비걸음

1학년 내 동생
숨바꼭질하자고 방방 뛰는데
"집안에서 뛰면 안 돼!"
나는 입술에 손가락 대며
쉬이!

아래층 할아버지 올라와
한 소리 하실까 봐
가슴이 두근거린다는 엄마

어젯밤에는 할머니까지 찾아와
"나비처럼 살살 걸으렴"
점잖게 한마디 하셨다

엄마 성화에도
뛰어놀고 싶은 내 동생
양말을 다섯 켤레나 껴 신고
나비걸음으로
사뿐 사뿐 날아다닌다

바이킹을 탄 햇살

문단속

엄마 염소는 시장가면서
새끼염소에게
아무에게나 문을 열어주지 말라고 했어요

이웃 마을 늑대 아저씨가 찾아와서
자기가 엄마라고 계속 문을 두드려요
진짜 엄마인지 어떻게 알 수 있을까요?

선생님이 물었어요

단짝 친구 승헌이
늑대가 볼까 봐 무서워
살짝 손들었어요

"비밀번호 누르고 들어오면 엄마예요"
염소처럼
음매 음매 대답했어요

스카이댄서

휴대폰 가게 앞에 서서
브레이크 춤을 추는
스카이댄서

뜨거운 햇살에도
퍼붓는 소나기에도
온몸 흔들며 춤을 춘다

피자 냄새 치킨 냄새
군침 돌게 하여도
한눈팔 새가 없다

안녕하세요!
언니 오빠 아줌마 아저씨
빨리빨리
구경 오세요

주저앉고 싶을 텐데
화장실도 가고 싶을 텐데

최저임금 한 푼 받지 않아도
아무런 불만 없이
춤만 추는 스카이댄서

매미는 알람시계

너무 더워
밤새 잠 설쳤는데
이른 아침부터
쉴 새 없이 울린다

집 앞 공원 나무에 터 잡고
빨리 일어나 학교 가라
재촉하는 매미

10분만 더 자겠다고
이불 뒤집어쓰면
목청 더 높이고
잠을 들었다 놨다
발악을 한다

꺼버릴 수도
던져 버릴 수도 없는
얄미운 알람시계
매미

달팽이 장군 나가신다

달팽이는
초록 지구별을 방문한 외계인

할아버지 텃밭을 수색하다가
상추 비행접시 타고
우리 집으로 정찰 나왔다

비행접시에서 내려 달싹거리며
더듬이를 늘렸다 집어넣었다
두리번거리며 마당을 탐색한다

사람들을 괴롭히는 곰팡이를 혼내주겠다고
갑옷을 툭툭 치더니
머리에 있는 안테나를 쭉 뻗으며
금방 전투태세를 취한다

하 낫 둘 하 낫 둘
달팽이 장군 나가신다
길을 비켜라

피에로

새빨간 입술
다이아몬드 눈물
아침마다 그린다

엄마한테 야단맞은 사람
친구랑 싸운 사람
모두 모두 오세요

알록달록 동그란 막대사탕
나눠주는 피에로

겉으론 웃지만
슬픔을 대신 받아먹어
남산만큼 부풀어 오른 배

휘청 휘청
흔들흔들
커다란 신발이 벗겨질 듯 위험해도

하루 종일 웃으며
오고가는 손님들
반겨주는 피에로

참으시는 하나님

지구라는 작은 별
수많은 나라 중에서
동쪽 끝에 있는
유일한 분단국가 우리나라

미사일 핵폭탄
위험한 무기 앞세우고
남쪽과 북쪽이
날마다 으르렁 으르렁

사이좋게 지내기를 기다리며
혼내줄까 말까 지켜본 70년

우리나라
착한 어린이들 때문에
언제나 꾸욱 참으시는 하나님

바이킹을 탄 햇살

일찍 나온 달님

해님이 투덜거렸다
하루 종일 낮잠 잔다며
달님을 잠꾸러기라고

밤새도록 혼자
하늘 지키느라 지친 달님
밤에 일하기 위해 쉬고 있는데
투덜거리는 해님이 밉다

맡겨진 일 열심히 하려는
마음도 모르고
자꾸자꾸 불평하는 해님

해가 지려면 아직도 멀었는데
너무 일찍 나온 달님
안절부절 창백하다

미안해진 해님
서쪽으로 내려가다
얼굴이 빨갛게 물들었다

바이킹을 탄 햇살

비둘기와 변덕쟁이

동네 놀이터에 모여들던 비둘기들
무슨 일이 생겼는지
갑자기 보이지 않는다

옥상에 빨래 널어놓으면 날아와
똥 싸고 간다며
저리 가라고 비둘기를 쫓던 우리 엄마

이러다간 비둘기가 우리 동네 점령하겠다며
동네 어귀에 삼삼오오 모여서
먹을 것 주지 말자고
다짐하던 할머니들

날씨는 점점 추워지는데
어디서 굶지는 않을까
얼어 죽지는 않을까
모두들 걱정이 태산이다

원하는 대로 된 것 같은데
변덕이 죽 끓듯 하는 사람들
비둘기는 알고 있을까?

최신형 안테나

엄마가 말만 하면
또 잔소리
얼굴 찡그리는 아빠

퇴근하면 바로 오고
술은 조금만
담배는 제발 끊어 주시고…

아빠를 걱정해서
하는 말인데
수신을 거부하는 아빠는
고장 난 텔레비전

아빠 귀에
엄마 말을 쏙쏙 듣고
채널이 고정되는
최신형 안테나
달았으면 좋겠다

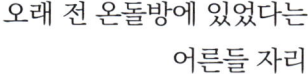

아랫목

오래 전 온돌방에 있었다는
어른들 자리

아무것도 모르고
가장 좋은 자리에
서로 앉으려고 다투었는데

설날 세배할 때
엄마가 가르쳐 주셨다

할아버지 할머니
공경하는 자리

가만히 앉아보면
엉덩이가 따스해진다

바이킹을 탄 햇살

빗방울

할머니와 산책을 나갔어요
갑자기 어두워지더니
굵은 빗방울이 떨어졌어요

빗방울은
잔뜩 골이 났는지
내 뒤를 쫓아오며
툭 툭 툭 투두둑 알밤을 먹였어요

허둥지둥 달아나며
손바닥 우산을 만들어 봐도

손바닥 밑으로 들어와
자꾸자꾸 맴매하는 빗방울

고맙다고 꿈틀꿈틀

시멘트로 포장된 산책로
죽은 지렁이가 가득하다

눈도 귀도 없는 것이
어젯밤 쏟아진 소나기에
얼마나 놀랐을까
숨이 막혀
땅속에서 견디기 어려웠나보다

하필이면 기어 나온 곳이
종일 폭염에 달구어진
시멘트 바닥이라니

살아보겠다고 서두르다가
엎친데 덮쳤다

아직 살아있는 지렁이
안쓰러운 마음에 나뭇가지로 집어
풀밭으로 옮겨주었다

고맙다고 꿈틀꿈틀
온몸으로 인사한다

공동문패

할머니 혼자 사시는 집에
식구들이 늘었다

처마 밑 제비네
밥하고 반찬하며
지지고 볶느라고
지지배배
지지배배

마당 가 잡초네
민들레, 강아지풀, 질경이
누가누가 잘 났나
몸매 자랑
키 자랑

헛간 거미네
노총각 삼촌거미 장가가요
하객으로 바글바글

너도 나도 주인이라고
모여 사는 할머니 집
공동문패 달아야겠다

새 식구

겨울비 오는 날
피아노 학원 다녀오는
내 뒤를
쫄랑쫄랑 따라오는
아기 고양이

너희 엄마한테 가라 해도
막무가내다

집에 들렀다 영어 학원 가려는데
화단에 앉아 그대로
비 맞고 있다

퇴근한 아빠
떨고 있는 고양이 보더니
겨울 동안만 우리가 돌봐주잔다

따뜻한 물로 씻기고
포근한 집 만들어
우유 먹이고

우리 아빠
어깨가 더 무거워졌다
우리 엄마
가계부 휘청하겠다

모나리자의 미소

할아버지 컴퓨터에
10년 전 우리 집 거실 사진이
바탕화면으로 깔려 있다

거실 벽에 모나리자 그림
그 앞에
돌 지난 나를
안고 있는 할아버지

엄마가 방금 출근했는지
내 입술이 삐죽 울상인데
할아버지는 빙긋이 웃으며
내 볼에 얼굴을 맞대고 있다

할아버지 뒷모습을
물끄러미 바라보던 모나리자
혼자서 미소를 짓는다

아나*

"예원아"
할머니가 부릅니다

"아나-"
할머니가 할 말을
예원이가 가로챕니다

침을 삼키며
할머니를 향해 달립니다
아나도
함께 달립니다

입에 물려주신 꿀떡
절반을 베어 먹고

나머지 절반을
할머니 입에 넣어주며

"아나-"

아나: 옛다의 방언. 가까이 있는 사람에게 무엇을 주면서 하는 말

다섯 살 의사 선생님

배가 빵빵한 곰돌이 인형
실밥이 터져 속이 다 보인다

곰돌이 인형을 방에 눕혀놓고
호호 불며 토닥거리는
다섯 살 내 동생

얼마나 아플까
아기가 불쌍하단다

청진기는 없지만
동생은 의사 선생님

다친 옆구리
두루마리 휴지 붕대로
정성껏 감아주고

손가락 주사기로
아프지 않게 살살
주사도 놓아준다

하룻밤 자고 나니
깨끗이 나은 곰돌이 인형
환하게 웃고 있다

바이킹을 탄 햇살

오빠한테 배웠다

강아지 데리고 산책 나간 강변
애완견 놀이터

우리 집 로이는 수컷
예쁜 강아지 보이면 살랑살랑
꽁무니 따라가며 우아한 표정으로
"차 한 잔 하실래요?"
주인인 나까지 지 맘대로 끌고 다닌다

못생긴 강아지 가까이 오면
사자처럼 으르렁 발톱을 세우고
근처에도 못 오게
이빨을 드러내는 로이

왕자병을 앓고 있는
우리 오빠한테 배웠나보다

수박 속, 사람 속

트럭에 올라탈 땐
소풍 가는 줄 알고
싱글벙글했지.

마트 진열대에서는
시원한 에어컨 바람에
콧노래 흥얼흥얼.

그런데 누군가
내 머리를 통통 두드린다.
- 누구세요?

손바닥으로 통통
손가락으로 탱탱
내 머리를 쥐어박는 게
재미있나 봐.

때려놓고
그 소리에 귀를 기울이더니
속을 알 수 없단다.

나도 사람들의 머리를
한 번 두드려 보고 싶어
그들은 겉과 속이 같을까?

늦둥이, 빠른 둥이

내 동생 이름은 세 개예요

할아버지 할머니는 늦둥이
아빠 엄마는 막둥이라고 불러요
진짜 이름은 등본 속에 숨어 있어요

안 그래도 바쁜 할머니
우리 늦둥이,
우리 빠른 둥이

걸음마는 얼마나 빨랐는지
말문은 또 얼마나 빨리 트였는지

여기 저기 자랑하느라
집에 방송국 차렸어요.

바이킹을 탄 햇살

젓가락이 바빠졌다

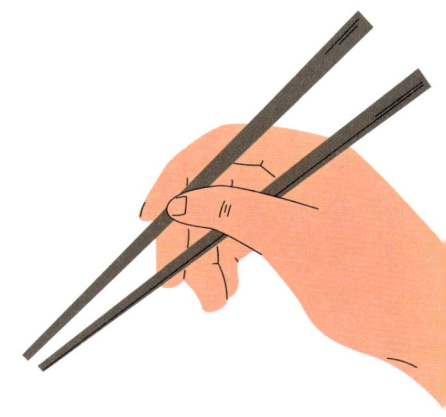

일평생 신토불이로 사신 할머니
멸치볶음 김치찌개 전공인데
오늘 식탁에 피자를 올렸다

할아버지 텃밭에서 수확한
호박 감자 양파 섞어 반죽한 부침에
모짜렐라 치즈 얹어 만든 피자

먼저 맛본 젓가락
그 맛이 기가 막혀
우리 입에 넣어주느라
덩달아 바빠졌다

터줏대감 벌레들

얼마 전에 이사 온 우리 집
벌레가 진을 치고 있다

동생이 떨어뜨린 새우깡에
개미가 새까맣게 달려들고

밤마다 모기들이
식구들 팔뚝에 울긋불긋 꽃을 피웠다

아빠가 여러 번 소독해도
번번이 다시 나타나는 진드기

터줏대감 벌레들
자기들이 주인이라며
우리한테 이사 가라고 시위한다

진짜 강아지

우리 집엔
강아지가 많아요

언니도 강아지
나도 강아지
동생도 강아지

아이고, 예쁜 강아지들!
할머니가 차례차례
안아주고 토닥거리면

우리 집 진짜 강아지 로이도
할머니 품을 파고들어요
우리에겐 없는 꼬리를
살래살래 흔들며

내 동생은 먹보

돌을 앞둔 내 동생
무엇이든
입에 넣는다

침받이도
손수건도
침에 흥건히 젖도록 빨더니

엉금엉금 기어 와서
새빨간 김치도
뜨거운 국물도 먹겠다고
밥상까지 덮치려 한다

"이크, 안돼!"
우리 엄마
번개처럼 막는다

불쌍한 내 동생
으앙! 울면서
눈물 콧물 다 먹는다

바이킹을 탄 햇살

스마트폰 나라

우리가족을 뿔뿔이 흩어놓는
스마트폰 나라
손바닥 안에 있어요
주소도 언어도 다 달라요

아빠는 야구 특별시
엄마는 쇼핑 직할시에 살아요
오빠는 게임 시
나는 만화영화 시에 산답니다

함께보다 혼자가 더 즐거운
스마트폰 나라
국경도 없이
서로서로 등돌리고 살아요

전영란 동시집 『바이킹을 탄 햇살』 해설

가족 사랑과 세상을 담아낸 이야기시

신현배(동시인)

1. 가족 사랑을 담아낸 이야기시

전영란 동시는 읽는 재미가 쏠쏠하다. 시적 화자가 청자인 독자에게 전달하는, 일정한 줄거리를 가진 이야기가 담겨 있기 때문이다. 이야기는 어떤 사물이나 상황에 대해서 상대방에게 설명하는 일을 말한다. 일정한 줄거리를 가지고 하는 말이나 글이 곧 이야기다. 전영란 시인은 자신의 작품에 적극적으로 '이야기'를 도입하여 어떤 구체적인 사건이나 사실을 전하면서 그로부터 얻어진 깨달음이나 진실을 보여준다. 그것은 '이야기를 말하는 시'인 이야기시로, 내면의 주관적 표출인 서정시와는 달리 서사 구조를 갖고 있다. 전영란 동시는 언어 미학적으로 이미지를 중시하는 전통의 동시와는 구별되는, 동심이 담긴 이야기체 시라는 점에서 그 가치와 개성을 지닌다. 그의 시가 이야기 형식으로 되어 있기에 동시의 1차 독자인 어린이들에게 가까이 다가갈 수 있으며, 어린이들은 물론 어른들이 읽어도 좋은 동시라는 것은 큰 장점이다.

  전영란 동시집 『바이킹을 탄 햇살』을 읽다 보면 자주 만나는 작품이 가족 사랑을 담아낸 동시다. 전체 동시 50편 중에 30편 이상이 이 계열의 작품으로, 전영란 시인의 시적 관심사가 가족 사랑에 있음을 알 수 있다. 이들 시에는 한 가지 공통점이 있다. 어린이로 보이는 시적 화자가 등장하여 자기 가족들에 관한 이야기를 들려준다는 점이다. 이야기시답게 가족에게 일어난 어떤 사건이나 사실을 전하는데, 그 이야기를 통하여 가족 간의 따뜻한 사랑을 드러내고 있다. 이들 시에 나타난 가족 간의 사랑법은 가족에 대한 사랑을 말로 때우지 않고 말없이 행동으로 보여준다는 것이다. 이러한 애정 표현은 화자인 '나'는 물론 할머니, 할아버지도 예외가 아니다.

        엄마 생일
        뭘 선물할까 궁리하다가
        미역국을 끓이기로 했어

        생일 전날 밤 살금살금
        세탁실 대야에
        미역을 담갔다가
        새벽에 끓였어

        맛을 보니 이상했는데
        엄마가 일어날 시간이라

내 방에 가서 자는 척했지
"엄마 생일 축하해요"
냄비 옆에 써 두고

깜짝 놀란 엄마
식구들을 깨우며 호들갑이지 뭐야
"4학년짜리가 맛있는 미역국 끓였네!"

국간장을 넣어야 하는데
양조간장을 넣어서 맛이 이상했다는 것
나중에 아빠가 살짝 얘기해 줘서 알았어

웃을 일이 없다며
흐린 하늘 같았던 엄마 얼굴
미역국으로 활짝 개어서
행복한 날이었어

—「생일 선물」전문

베트남 다낭 놀이 공원
뜨거운 햇살 때문인지 한가하다

엄마는 막내 데리고 아기 놀이터로 가고
할머니는 걱정된다며 우리를 따라다닌다

트라켄 토네이도 바이킹 타려는데
안내원 아저씨
할머니 심장! 심장! 외치며
손가락으로 가슴을 가리킨다

괜찮아요 괜찮아요
손사래 치는 할머니

공중에서 뱅글뱅글 돌 때
언니와 신나게 비명 지르다가
할머니가 걱정되어 쳐다봤다

바이킹을 함께 탄 햇살이
친절하게도
할머니 눈을 감기고
옆에 앉아 있었다
      —「바이킹을 탄 햇살」전문

할아버지 컴퓨터에
10년 전 우리 집 거실 사진이
바탕 화면으로 깔려 있다

거실 벽에 모나리자 그림
그 앞에

돌 지난 나를
안고 있는 할아버지

엄마가 방금 출근했는지
내 입술이 삐죽 울상인데
할아버지는 빙긋이 웃으며
내 볼에 얼굴을 맞대고 있다

할아버지 뒷모습을
물끄러미 바라보던 모나리자
혼자서 미소를 짓는다

─「모나리자의 미소」전문

앞의 세 편 동시에는 화자인 '나'와 할머니, 할아버지가 등장한다. 이들은 가족에게 사랑한다는 것을 보여주기 위해 저마다 다른 방법으로 사랑을 실천한다.

'나'는 엄마 생일 선물을 뭘로 할까 궁리하다가 새벽에 미역국을 끓인다. 국간장 대신 양조간장을 넣어 맛이 이상했지만, 이 미역국으로 "웃을 일이 없다며/흐린 하늘 같았던 엄마 얼굴"을 활짝 개어서 행복하게 만들어 준다. 이 시는 서사와 서정을 절묘하게 결합시킨 솜씨가 일품이다.

할머니의 사랑법은 베트남 다낭 놀이 공원으로 놀러갔다가 손녀들과 함께 '바이킹 타기'다. 손녀들이 걱정되어 바이킹을 함께 탔지만, 안내원 아저씨가 "할머니 심장! 심장! 외치며/손가락으로 가슴을 가리"
킬 정도로 무시무시한 공포의 놀이 기구 타기다. 그럼에도 할머니의
손녀 사랑은 아무도 막을 수가 없다. 그때 할머니가 걱정되어 바이킹
을 함께 탄 햇살이 친절하게도 할머니 눈을 감겨 준다. 이 시는 햇살의
의인화가 시의 격조를 높였다.

할아버지의 사랑법은 그 유명한 모나리자를 끝내 미소 짓게 만든다.
할아버지는 엄마가 방금 출근했다고 울상인 손녀를 안고 빙긋이 웃으
며 그 볼에 얼굴을 맞대고 있는데, 할아버지의 적극적인 애정 표현이
모나리자를 웃게 만든 것이다. 이 시는 할아버지의 손녀 사랑을 모나
리자의 미소로 나타낸 발상이 기발하고 재미있다.

2. 또 다른 가족, 반려견과 동식물들

가족의 사전적 의미는 '부부를 중심으로 하여 그로부터 생겨난 아들,
딸, 손자, 손녀 등으로 구성된 집단'이다. 즉, 혈연·혼인·입양 등의 관계
로 맺어져 함께 살거나 정서적인 유대감을 느끼는 사람들의 집단을 뜻
한다. 그런데 전영란 시인은 부모, 아들, 딸, 할아버지, 할머니, 언니, 오
빠, 동생 등 사람 가족뿐만 아니라 반려견 강아지, 그리고 혼자 사는 할
머니 집의 동식물들까지 가족 구성원으로 끌어들인다. 그리하여 그의
시에는 반려견과 동식물들이 사람과 한 가족이 되어 소통하며 교감을
나눈다.

우리 집엔
강아지가 많아요

언니도 강아지
나도 강아지
동생도 강아지

아이고, 예쁜 강아지들!
할머니가 차례차례
안아주고 토닥거리면

우리 집 진짜 강아지 로이도
할머니 품을 파고들어요
우리에겐 없는 꼬리를
살래살래 흔들며

—「진짜 강아지」 전문

'강아지'는 어린 개를 이르는 말이지만, 어린 자식이나 손주를 부르는 말로도 쓰인다. 주로 할머니나 할아버지가 손주를 '강아지'라 부르는 경우가 많다. 이 시에서도 할머니는 손주들을 '강아지'라 부르며 "아이고, 예쁜 강아지들!" 하고 차례차례 안아주고 토닥거린다. 그때 진짜 강아지 로이가 할머니 품을 파고든다. 이 시는 귀엽고 사랑스러운 강아지 같은 손주들과, 이미 '가족의 한 구성원'으로 받아들인 진짜 강아지를 나란히 등장시켜 서로 사랑의 교감을 나누는 장면이 인상적이다.

특히 반려견 로이가 "우리에겐 없는 꼬리를/살래살래 흔들며" 할머니 품을 파고든다는 동심적 표현이 정겹고 재미있다. 이 한 구절이 이 시를 평이한 작품에 머물게 하지 않고 동심이 살아 있는 시로 아이들에게 친근하게 다가간다.

할머니 혼자 사시는 집에
식구들이 늘었다

처마 밑 제비네
밥하고 반찬하며
지지고 볶느라
지지배배
지지배배

마당 가 잡초네
민들레, 강아지풀, 질경이
누가누가 잘났나
몸매 자랑
키 자랑

헛간 거미네
노총각 삼촌 거미 장가가요
하객으로 바글바글

너도 나도 주인이라고
모여 사는 할머니 집
공동 문패 달아야겠다

—「공동 문패」 전문

 할머니 혼자 사시는 집이지만 처마 밑 제비네, 마당 가 잡초네 민들레, 강아지풀, 질경이, 헛간 거미네까지 모여 사니 시끌시끌하다. 할머니 혼자 사시는 집에 식구들이 늘어나자, 요즘 보기 드문 왁자한 대가족 풍경이 펼쳐진 것이다. 물활론적 상상력으로 동식물 식구들이 살아가는 모습을 생생하게 그려내어 마치 한 편의 동화를 읽는 듯하다. 이 시는 "너도 나도 주인이라고/모여 사는 할머니 집/공동 문패 달아야겠다"는 마지막 연이 웃음을 자아내고 고개를 끄덕이게 한다. 할머니 집에 모여 사는 동식물들이 이미 한 가족이 되었지만, 각자 주인처럼 자유롭게 사니 공동 문패로 서로의 이름을 나란히 걸어 둘 만하지 않겠는가.

양배추밭에서
한 방을 쓰는 식구들
깍지 낀 손을 놓지 못해
떨어져서 살아본 적이 없답니다

몸을 포개고 팔다리를 겹쳐
한 뼘씩 만드는 주름은

조상 때부터 물려받은 내력입니다

푸른 기와 단칸방에 살다가
펑퍼짐한 엉덩이에 살이 오르면
가족들과 헤어져
트럭에 올라 도시로 갑니다

마트로 시장으로
뿔뿔이 흩어졌다가
어느 집 식탁 위에 올라
손수건에 눈물을 적십니다

고향에 두고 온
식구들 생각이 나서
―「양배추 가족사」 전문

  전영란 시인의 시적 관심사인 '가족 사랑'은 더욱 확장하여 양배추의 일대기, 양배추 가족사를 풀어내고 있다. 이 시는 양배추를 의인화하여 양배추 가족이 살아온 과정, '혈연적 공동체'로서의 가족 서사를 펼쳐 보인다. 양배추들은 "양배추밭에서/한 방을 쓰는 식구들"이며 "몸을 포개고 팔다리를 겹쳐/한 뼘씩 만드는 주름은/조상 때부터 물려받은 내력"이다. 이렇듯 사람처럼 혈연 관계로 맺어져 함께 살아가던 양배추들은, "펑퍼짐한 엉덩이에 살이 오르"자 가족들과 헤어져 도시로 팔려 나간다. 그리고 "마트로 시장으로/뿔뿔이 흩어졌다가/어느 집 식탁 위에 올라", 고향에 두고 온 식구들 생각이 나서 눈물을 흘린다.

　이 작품은 양배추를 통하여 이산 가족의 아픔과 고통을 그리고 있다. 이산 가족은 본의 아니게 흩어짐으로써 서로 만날 수 없게 된 가족이다. 이 시를 읽으니 전쟁으로 인해 남북한에 흩어져 생사를 알 수 없는 이산 가족과, 경제적 어려움 등으로 생사를 알고도 만나지 못하는 이산 가족이 떠오른다. 전영란 시인의 시적 관심사인 가족 사랑이 가정의 울타리를 벗어나 양배추를 통하여 성장 서사, 가족 서사로 더욱 확장된 점은 주목할 만한 시적 성과라 할 것이다.

3. 소외된 것에 대한 연민과 관심

　전영란 시인이 관심을 갖는 시적 대상은 사람들 눈에 잘 띄지 않는 작고 힘없는 것들이다. 세상의 그늘진 곳에서 소외된 것들을 연민의 눈으로 바라보며 그 슬픔과 고통을 자신의 것으로 받아들인다. 이는 전영란 동시의 또 다른 특징으로, 소외된 것에 대한 연민과 관심이다.

　　　　휴대폰 가게 앞에 서서
　　　　브레이크 춤을 추는
　　　　스카이 댄서

　　　　뜨거운 햇살에도
　　　　퍼붓는 소낙비에도

온몸 흔들며 춤을 춘다

피자 냄새 치킨 냄새
군침 돌게 하여도
한눈팔 새가 없다

안녕하세요!
언니 오빠 아줌마 아저씨
빨리빨리
구경 오세요

주저앉고 싶을 텐데
화장실도 가고 싶을 텐데

최저 임금 한 푼 받지 않아도
아무런 불만 없이
춤만 추는 스카이 댄서
―「스카이 댄서」 전문

  스카이 댄서는 직물 외피에 송풍기를 통해 불어넣은 공기가 빠져나가며 춤추듯이 흔들리는 풍선 인형이다. 신장개업하는 가게 앞에서 흔히 볼 수 있는데, 전영란 시인은 휴대폰 가게 앞에 서서 불철주야 춤추는 풍선 인형이 안쓰러워 눈을 떼지 못한다. "뜨거운 햇살에도/퍼붓는 소낙비에도/온몸 흔들며 춤을" 추어야 한다. "피자 냄새 치킨 냄새/군침 돌게 하여도/한눈팔 새가 없다". 주저앉고 싶어도, 화장실에 가고 싶어도 참고 춤을 추어야 하는 스카이 댄서. 시인은 그런 스카이 댄서를 열악한 환경에서도 최저 임금 한 푼 못 받는 노동자로 여기며 연민의 시선을 거두지 못한다. 전영란 동시에는 이렇듯 소외된 것에 대한 연민과 관심을 보이는 작품이 적지 않다.

시멘트로 포장된 산책로
죽은 지렁이가 가득하다

눈도 귀도 없는 것이
어젯밤 쏟아진 소나기에
얼마나 놀랐을까
숨이 막혀
땅속에서 견디기 어려웠나 보다

하필이면 기어 나온 곳이
종일 폭염에 달구어진
시멘트 바닥이라니

살아 보겠다고 서두르다가
엎친 데 덮쳤다

아직 살아 있는 지렁이
안쓰러운 마음에 나뭇가지로 집어

풀밭으로 옮겨 주었다

고맙다고 꿈틀꿈틀
온몸으로 인사한다

―「고맙다고 꿈틀꿈틀」 전문

 지렁이는 왜 비만 오면 땅 밖으로 기어 나오는 것일까? 그 이유는 땅속에 집을 만들어 사는 지렁이가 땅속에 물이 스며들어 집에 물이 차면 산소가 부족해져 호흡을 할 수 없기 때문이다. 지렁이는 호흡 기관이 없어 피부를 통하여 호흡을 한다. 그런데 집에 물이 차면 공기를 얻기 어려워져 호흡을 하기 위해 땅 밖으로 기어 나오는 것이다. 하지만 지렁이는 비가 그치고 햇볕이 내리쬐면 땅속으로 들어가지 못하고 땡볕에 말라 죽게 된다. "시멘트로 포장된 산책로/죽은 지렁이가 가득"한 것은, 지렁이가 "하필이면 기어 나온 곳이/종일 폭염에 달구어진 시멘트 바닥"이었기 때문이다. 지렁이는 비옥한 토양을 만들어 주는 이로운 생물이다. 그럼에도 사람들은 아무도 지렁이를 눈여겨보지 않는다. 징그러워 피해 다니거나 땡볕에 죽어가는 지렁이를 보고도 그냥 지나치기 일쑤다. 하지만 이 시의 화자는 '아직 살아 있는 지렁이'를 모른 척하지 않는다. "안쓰러운 마음에 나뭇가지로 집어/풀밭으로 옮겨" 준다. 그러자 지렁이는 "고맙다고 꿈틀꿈틀/온몸으로 인사한다". 지렁이가 꿈틀꿈틀 움직이는 것은 본능적인 행동으로 살아 있다는 표시다. 그런데 그 행동을 화자가 자신의 목숨을 구해 준 데 대해 고맙다는 지렁이의 인사로 표현한 것에서 동심의 따뜻한 시선과 인간미가 느껴진다.

  이 시가 감동을 주는 것은 위기에 처한 지렁이를 구해 주는 등의, 실질적으로 도움을 주는 실천력을 보여주었기 때문이다. 전영란 동시에는 이처럼 소외되고 어려움에 처한 이들에게 따뜻한 손길을 내미는 작품들을 쉽게 찾아볼 수 있다. 길가에 버려진 아기 고양이를 돌봐 주는 「새 식구」, 의사 호랑나비가 들꽃밭으로 왕진을 가서 온갖 병을 앓는 식물들을 치료해 주는 「의사 호랑나비」, 다섯 살 동생이 곰돌이 인형을 정성껏 보살피는 「다섯 살 의사 선생님」, 매미를 잡아 채집통에 담아 집에 가져갔다가 날려 보내는 「매미 소리 채집」, 거인의 손을 가진 한의사와 간호사들이 할아버지 할머니를 치료하는 「온유 한의원에 가면」 등에서 연민을 넘어 남의 고통을 덜어 주기 위해 적극적으로 행동하는 실천력에 가슴 찡한 감동이 전해진다.

4. 현실과 사회에 대한 비판 의식

  동시라고 해서 사회적 발언을 할 수 없는 것이 아니다. 어린이들도 다양한 환경에서 현실에 뿌리를 내리고 살아가고 있기에 동심의 눈에 비친 사회 현실과 부조리, 사회적 모순을 얼마든지 시 속에 담아낼 수 있다. 『바이킹을 탄 햇살』에는 현실과 사회에 대한 비판 의식을 나타낸 작품들을 만날 수 있다. 현실과 사회에 대한 비판 의식은 전영란 동시의 주요한 특징 가운데 하나다.

> 우리 가족을 뿔뿔이 흩어놓는
> 스마트폰 나라
> 손바닥 안에 있어요
> 주소도 언어도 다 달라요
>
> 아빠는 야구 특별시
> 엄마는 쇼핑 직할시에 살아요
> 오빠는 게임 시
> 나는 만화영화 시에 산답니다
>
> 함께보다 혼자가 더 즐거운
> 스마트폰 나라
> 국경도 없이
> 서로서로 등돌리고 살아요
>
> ―「스마트폰 나라」 전문

 이 시는 스마트폰 중독으로 인해 가족 간의 대화가 사라진 가정의 현실을 비판적으로 그리고 있다. 스마트폰은 가족을 뿔뿔이 흩어놓아 "아빠는 야구 특별시/엄마는 쇼핑 직할시", "오빠는 게임 시/나는 만화영화 시에 산"다. 시의 화자는 가족의 개인화를 촉발한 스마트폰을 주소도 언어도 다 다른, 손바닥 안에 있는 '스마트폰 나라'라 명명(命名)한다. 그리고 "함께보다 혼자가 더 즐"겁고, "국경도 없이/서로서로 등돌리고" 산다며 스마트폰의 폐해와 그 실태를 고발한다. 스마트폰 중독은 어린이들은 물론 어른들에게도 나타나는 현상이기에, 가족 간의 친밀감과 정서적 동질성을 없애는 스마트폰 문화에 대한 비판은 깊은 공감을 불러일으킨다.

    지구라는 작은 별
    수많은 나라 중에서
    동쪽 끝에 있는
    유일한 분단국가 우리나라

    미사일 핵폭탄
    위험한 무기 앞세우고
    남쪽과 북쪽이
    날마다 으르렁 으르렁

    사이좋게 지내기를 기다리며
    혼내줄까 말까 지켜본 70년

    우리나라
    착한 어린이들 때문에
    언제나 꾸욱 참으시는 하나님
                    —「참으시는 하나님」 전문

1953년 남북한이 정전 협정을 맺은 이후 70여 년을, 우리나라는 유일한 분단국가로 남아 있다. 그 오랜 세월 동안 우리나라는 통일을 이루기는커녕 남북간 자유 왕래도 없이 "미사일 핵폭탄/위험한 무기 앞세우고/남쪽과 북쪽이/날마다 으르렁 으르렁"대고 있다. 전영란 시인은 그런 분단 현실을 냉정하게 바라보며 하나님의 시각에서 안타까운 심정을 토로한다. 하나님의 입장에서는 남쪽과 북쪽이 "사이좋게 지내기를 기다리며/혼내줄까 말까 지켜본 70년"이라는 것이다. 하지만 "우리나라/착한 어린이들 때문에/언제나 꾸욱 참으시는 하나님"이라는 마지막 연에 와서는 마음이 뭉클해진다. 분단 문제를 동심으로 접근하여 동시로 형상화한 점이 놀랍다. '언제나 꾸욱 참으시는 하나님'이라는 대목에서 남북간의 화해와 평화, 통일을 간절히 바라는 시인의 염원이 느껴진다.

5. 엉뚱한 동심과 해학

 앞서 전영란 동시는 읽는 재미가 쏠쏠하다고 했다. 그리고 그 이유를 그의 동시에 일정한 줄거리를 가진 이야기가 담겨 있기 때문이라고 했다. 그의 이야기시가 재미있게 읽히는 것은 이야기가 주는 재미에다가 그만이 가진 엉뚱한 동심과 해학이 담겨 있어서다. 그래서 흥미진진하고 절로 웃음이 나온다. 이 동시집에서 찾아볼 수 있는 전영란 동시의 또 다른 특징은 엉뚱한 동심과 해학이다.

눈 내리는 날
우리 할머니
동네 산책 나가셨다

미끄러지면 큰일 난다는
할아버지 걱정 뒤로 하고
바람처럼 떠나셨다

동네 어귀 지나
은행나무 길 지나
저수지까지
할머니 산책 코스

기다려도
오시지 않는 할머니
걱정하고 있는데

한참 만에
허리 굽어진 눈사람이
우리 집으로 들어왔다

"누구세요?

―「할머니 눈사람」 전문

이 동시에 나타난 시적 상황은 할머니의 무리한 외출이 빚어낸 돌발

적인 상황이다. 할머니는 눈 내리는 날, "미끄러지면 큰일 난다는/할아버지 걱정 뒤로 하고" 동네 산책을 나가신다. 아무리 기다려도 할머니는 오시지 않고, "한참 만에/허리 굽어진 눈사람이/우리 집으로 들어" 온다. 할머니 대신 들어온 눈사람을 보고 화자는 다급하게 묻는다. "누구세요?" 눈을 잔뜩 뒤집어쓰고 나타나 눈사람처럼 보이는 할머니다. 하지만 그가 할머니임을 모를 리가 없다. 그런데도 짐짓 모르는 척 능청스럽게 "누구세요?"라고 묻는 대목에서 웃음이 터져 나온다. 아이의 마음을 표현한 이런 엉뚱한 동심은 웃음을 주고 시를 읽는 즐거움을 준다. 전영란 동시에는 이런 유머 감각과 해학이 들어 있다.

엄마 염소는 사장 가면서
새끼 염소에게
아무에게나 문을 열어 주지 말라고 했어요

이웃 마을 늑대 아저씨가 찾아와서
자기가 엄마라고 계속 문을 두드려요
진짜 엄마인지 어떻게 알 수 있을까요?

선생님이 물었어요

단짝 친구 승헌이
늑대가 볼까 봐 무서워
살짝 손들었어요

"비밀 번호 누르고 들어오면 엄마예요"
염소처럼
음매 음매 대답했어요
―「문단속」 전문

  이 시는 어린이집이나 유치원에서 시행하는 생활 안전 교육인 '문단속 교육' 장면을 실감나게 그려낸 작품이다. 선생님은 그림 형제의 동화인 「늑대와 일곱 마리 아기 염소」 이야기를 들려준 뒤 어린이들에게 묻는다. 늑대가 찾아와서 자기가 엄마라고 계속 문을 두드리는데, "진짜 엄마인지 어떻게 알 수 있을까요?"라고. 그때 화자의 단짝 친구 승헌이가 "비밀 번호 누르고 들어오면 엄마예요"라고 대답한다. 동화의 내용대로라면 "손을 보면 진짜 엄마인지 알 수 있어요. 늑대는 손이 시커멓고, 엄마는 손이 하얘요."라는 식으로 대답해야 하는데, 승헌이는 엉뚱한 대답을 한 셈이다. 그래서 그 의외성으로 인해 웃음을 유발한다. 그런데 동화와 현실을 분간하지 못하는 어린이의 입장에서는 승헌이의 대답이 현실적이고 현명한 대답이다. '함부로 문을 열어 주지 않아요'를 주제로 하여 이야기를 나누고 대처 방법을 알아보는 시간이다. 그럴 때 어린이는 자신의 생활 체험을 반영하여 '엄마 식별법'을 제시한 것이다. 이 시는 널리 알려진 그림 형제의 동화에 어린이의 진솔한 생활 체험을 결합시킨 수법이 새롭고 공감대를 형성한다. 무엇보다도 동시의 생명인 동심, 천진난만하고 엉뚱한 동심을 잘 나타낸 점이 돋

보인다.

  그밖에 엉뚱한 동심과 해학을 느낄 수 있는 작품으로는 「젓가락이 바빠졌다」, 「늦둥이, 빠른 둥이」, 「오빠한테 배웠다」, 「빗방울」, 「말매미의 세레나데」, 「우리 집 벽화」, 「탁탁, 봄 대청소」 등이 있다.

  전영란 시인은 올해 《월간문학》 신인작품상 동시 부문에 당선되어 아동문단에 나왔다. 하지만 그는 2011년 《창조문학》에 시로 등단한 이후 활발한 작품 활동으로 네 권의 시집과 한 권의 수필집을 펴냈으며, 몇 년 전부터 아동문학에 관심을 가지고 동시 창작에 힘써왔다. 『바이킹을 탄 햇살』은 전영란 시인에게는 창작의 지평을 넓히는 첫 동시집으로, 본격적인 동시인으로서의 길을 걷겠다는 출사표이기도 하다.

  앞서 살펴본 대로 전영란 동시는 네 가지 유형으로 나눌 수 있다. 첫째 가족 사랑을 담아낸 이야기시, 둘째 소외된 것에 대한 연민과 관심, 셋째 현실과 사회에 대한 비판 의식, 넷째 엉뚱한 동심과 해학이다. 전영란 시인의 동시 세계를 한마디로 요약한다면 '가족 사랑과 세상을 담아낸 이야기시'다. 전영란 시인이 자신의 문학적 장기를 잘 살려 다른 동시인들과는 차별화된 독자적인 작품 세계를 구축해 나간다면 개성 있는 동시인으로 자리매김하게 될 줄로 믿는다. 『바이킹을 탄 햇살』의 출간을 축하드리며 건필을 빈다.

초판1쇄 인쇄 2025년 5월 2일
초판1쇄 발행 2025년 5월 8일

글쓴이 전영란
그림 김지원 · 박예림

펴낸이 김희진
펴낸곳 도서출판 Book Manager   **주소** 전주시 완산구 메너머 4길 25-6
전화 (063) 226.4321   **팩스** (063) 226.4330

전자우편 102030@hanmail.net

출판등록 제1998-000007호

ISBN 979-11-94372-21-9
값 12,000원

· 잘못된 책은 바꿔드립니다.

· 이 책은 저작권법에 따라 보호 받는 저작물이므로 무단 전재와 복제를 금지합니다. 이 책의 내용 전부나 일부를 이용하려면 반드시 저자와 북매니저의 서면 동의를 받아야 합니다.